Gratitude Journal

Name

Daily Gratitude

Date: _____/_____/_____

Today, I am grateful for...

1._____

2._____

3._____

4._____

5._____

Daily affirmations. I am...

_____

_____

Daily Gratitude

Date: _____/_____/_____

Today, I am grateful for...

1._____

2._____

3._____

4._____

5._____

Daily affirmations. I am...

_____

_____

Daily Gratitude

Date: _____/_____/_____

Today, I am grateful for...

1._____

2._____

3._____

4._____

5._____

Daily affirmations. I am...

_____

_____

Daily Gratitude

Date: _____/_____/_____

Today, I am grateful for...

1._____

2._____

3._____

4._____

5._____

Daily affirmations. I am...

_____

_____

Daily Gratitude

Date: _____/_____/_____

Today, I am grateful for...

1._____

2._____

3._____

4._____

5._____

Daily affirmations. I am...

_____

_____

Daily Gratitude

Date: _____/_____/_____

Today, I am grateful for...

1._____

2._____

3._____

4._____

5._____

Daily affirmations. I am...

_____

_____

Daily Gratitude

Date: _____/_____/_____

Today, I am grateful for...

1._____

2._____

3._____

4._____

5._____

Daily affirmations. I am...

_____

_____

Daily Gratitude

Date: _____/_____/_____

Today, I am grateful for...

1._____

2._____

3._____

4._____

5._____

Daily affirmations. I am...

_____

_____

Daily Gratitude

Date: _____/_____/_____

Today, I am grateful for...

1._____

2._____

3._____

4._____

5._____

Daily affirmations. I am...

_____

_____

Daily Gratitude

Date: _____/_____/_____

Today, I am grateful for...

1._____

2._____

3._____

4._____

5._____

Daily affirmations. I am...

_____

_____

Daily Gratitude

Date: _____/_____/_____

Today, I am grateful for...

1._____

2._____

3._____

4._____

5._____

Daily affirmations. I am...

_____

_____

Daily Gratitude

Date: _____/_____/_____

Today, I am grateful for...

1._____

2._____

3._____

4._____

5._____

Daily affirmations. I am...

_____

_____

Daily Gratitude

Date: _____/_____/_____

Today, I am grateful for...

1._____

2._____

3._____

4._____

5._____

Daily affirmations. I am...

_____

_____

Daily Gratitude

Date: _____/_____/_____

Today, I am grateful for...

1._____

2._____

3._____

4._____

5._____

Daily affirmations. I am...

_____

_____

Daily Gratitude

Date: _____/_____/_____

Today, I am grateful for...

1._____

2._____

3._____

4._____

5._____

Daily affirmations. I am...

_____

_____

Daily Gratitude

Date: _____/_____/_____

Today, I am grateful for...

1._____

2._____

3._____

4._____

5._____

Daily affirmations. I am...

_____

_____

Daily Gratitude

Date: _____/ _____/ _____

Today, I am grateful for...

1._____

2._____

3._____

4._____

5._____

Daily affirmations. I am...

_____

_____

Daily Gratitude

Date: _____/_____/_____

Today, I am grateful for...

1._____

2._____

3._____

4._____

5._____

Daily affirmations. I am...

_____

_____

Daily Gratitude

Date: _____/_____/_____

Today, I am grateful for...

1._____

2._____

3._____

4._____

5._____

Daily affirmations. I am...

_____

_____

Daily Gratitude

Date: _____/_____/_____

Today, I am grateful for...

1._____

2._____

3._____

4._____

5._____

Daily affirmations. I am...

_____

_____

Daily Gratitude

Date: _____/_____/_____

Today, I am grateful for...

1._____

2._____

3._____

4._____

5._____

Daily affirmations. I am...

_____

_____

Daily Gratitude

Date: _____/_____/_____

Today, I am grateful for...

1._____

2._____

3._____

4._____

5._____

Daily affirmations. I am...

_____

_____

Daily Gratitude

Date: _____/_____/_____

Today, I am grateful for...

1._____

2._____

3._____

4._____

5._____

Daily affirmations. I am...

_____

_____

Daily Gratitude

Date: _____ / _____ / _____

Today, I am grateful for...

1._____

2._____

3._____

4._____

5._____

Daily affirmations. I am...

_____

_____

Daily Gratitude

Date: _____/_____/_____

Today, I am grateful for...

1._____

2._____

3._____

4._____

5._____

Daily affirmations. I am...

_____

_____

Daily Gratitude

Date: _____/_____/_____

Today, I am grateful for...

1._____

2._____

3._____

4._____

5._____

Daily affirmations. I am...

_____

_____

Daily Gratitude

Date: _____ / _____ / _____

Today, I am grateful for...

1._____

2._____

3._____

4._____

5._____

Daily affirmations. I am...

_____

_____

Daily Gratitude

Date: _____/_____/_____

Today, I am grateful for...

1._____

2._____

3._____

4._____

5._____

Daily affirmations. I am...

_____

_____

Daily Gratitude

Date: _____/_____/_____

Today, I am grateful for...

1._____

2._____

3._____

4._____

5._____

Daily affirmations. I am...

_____

_____

Daily Gratitude

Date: _____/_____/_____

Today, I am grateful for...

1._____

2._____

3._____

4._____

5._____

Daily affirmations. I am...

_____

_____

Daily Gratitude

Date: _____/ _____/ _____

Today, I am grateful for...

1._____

2._____

3._____

4._____

5._____

Daily affirmations. I am...

_____

_____

Daily Gratitude

Date: _____/_____/_____

Today, I am grateful for...

1._____

2._____

3._____

4._____

5._____

Daily affirmations. I am...

_____

_____

Daily Gratitude

Date: _____/_____/_____

Today, I am grateful for...

1._____

2._____

3._____

4._____

5._____

Daily affirmations. I am...

_____

_____

Daily Gratitude

Date: _____/_____/_____

Today, I am grateful for...

1._____

2._____

3._____

4._____

5._____

Daily affirmations. I am...

_____

_____

Daily Gratitude

Date: _____/_____/_____

Today, I am grateful for...

1._____

2._____

3._____

4._____

5._____

Daily affirmations. I am...

_____

_____

Daily Gratitude

Date: _____/_____/_____

Today, I am grateful for...

1._____

2._____

3._____

4._____

5._____

Daily affirmations. I am...

_____

_____

Daily Gratitude

Date: _____/_____/_____

Today, I am grateful for...

1._____

2._____

3._____

4._____

5._____

Daily affirmations. I am...

_____

_____

Daily Gratitude

Date: _____/_____/_____

Today, I am grateful for...

1._____

2._____

3._____

4._____

5._____

Daily affirmations. I am...

_____

_____

Daily Gratitude

Date: _____/_____/_____

Today, I am grateful for...

1._____

2._____

3._____

4._____

5._____

Daily affirmations. I am...

_____

_____

Daily Gratitude

Date: _____ / _____ / _____

Today, I am grateful for...

1. _____

2. _____

3. _____

4. _____

5. _____

Daily affirmations. I am...

_____

_____

Daily Gratitude

Date: _____ / _____ / _____

Today, I am grateful for...

1. _____

2. _____

3. _____

4. _____

5. _____

Daily affirmations. I am...

_____

_____

Daily Gratitude

Date: _____/_____/_____

Today, I am grateful for...

1._____

2._____

3._____

4._____

5._____

Daily affirmations. I am...

_____

_____

Daily Gratitude

Date: _____/_____/_____

Today, I am grateful for...

1._____

2._____

3._____

4._____

5._____

Daily affirmations. I am...

_____

_____

Daily Gratitude

Date: _____/_____/_____

Today, I am grateful for...

1._____

2._____

3._____

4._____

5._____

Daily affirmations. I am...

_____

_____

Daily Gratitude

Date: _____ / _____ / _____

Today, I am grateful for...

1._____

2._____

3._____

4._____

5._____

Daily affirmations. I am...

_____

_____

Daily Gratitude

Date: _____/_____/_____

Today, I am grateful for...

1._____

2._____

3._____

4._____

5._____

Daily affirmations. I am...

_____

_____

Daily Gratitude

Date: _____/_____/_____

Today, I am grateful for...

1._____

2._____

3._____

4._____

5._____

Daily affirmations. I am...

_____

_____

Daily Gratitude

Date: _____/_____/_____

Today, I am grateful for...

1._____

2._____

3._____

4._____

5._____

Daily affirmations. I am...

_____

_____

Daily Gratitude

Date: _____/_____/_____

Today, I am grateful for...

1._____

2._____

3._____

4._____

5._____

Daily affirmations. I am...

_____

_____

Daily Gratitude

Date: _____/_____/_____

Today, I am grateful for...

1._____

2._____

3._____

4._____

5._____

Daily affirmations. I am...

_____

_____

Daily Gratitude

Date: _____/ _____/ _____

Today, I am grateful for...

1._____

2._____

3._____

4._____

5._____

Daily affirmations. I am...

_____

_____

Daily Gratitude

Date: _____/_____/_____

Today, I am grateful for...

1._____

2._____

3._____

4._____

5._____

Daily affirmations. I am...

_____

_____

Daily Gratitude

Date: _____/_____/_____

Today, I am grateful for...

1._____

2._____

3._____

4._____

5._____

Daily affirmations. I am...

_____

_____

Daily Gratitude

Date: _____/_____/_____

Today, I am grateful for...

1._____

2._____

3._____

4._____

5._____

Daily affirmations. I am...

_____

_____

Daily Gratitude

Date: _____/ _____/ _____

Today, I am grateful for...

1._____

2._____

3._____

4._____

5._____

Daily affirmations. I am...

_____

_____

Daily Gratitude

Date: _____ / _____ / _____

Today, I am grateful for...

1._____

2._____

3._____

4._____

5._____

Daily affirmations. I am...

_____

_____

Daily Gratitude

Date: _____/_____/_____

Today, I am grateful for...

1._____

2._____

3._____

4._____

5._____

Daily affirmations. I am...

_____

_____

Daily Gratitude

Date: _____/_____/_____

Today, I am grateful for...

1._____

2._____

3._____

4._____

5._____

Daily affirmations. I am...

_____

_____

Daily Gratitude

Date: _____/_____/_____

Today, I am grateful for...

1._____

2._____

3._____

4._____

5._____

Daily affirmations. I am...

_____

_____

Daily Gratitude

Date: _____/_____/_____

Today, I am grateful for...

1._____

2._____

3._____

4._____

5._____

Daily affirmations. I am...

_____

_____

Daily Gratitude

Date: _____ / _____ / _____

Today, I am grateful for...

1._____

2._____

3._____

4._____

5._____

Daily affirmations. I am...

_____

_____

Daily Gratitude

Date: _____/_____/_____

Today, I am grateful for...

1._____

2._____

3._____

4._____

5._____

Daily affirmations. I am...

_____

_____

Daily Gratitude

Date: _____/_____/_____

Today, I am grateful for...

1._____

2._____

3._____

4._____

5._____

Daily affirmations. I am...

_____

_____

Daily Gratitude

Date: _____/_____/_____

Today, I am grateful for...

1._____

2._____

3._____

4._____

5._____

Daily affirmations. I am...

_____

_____

Daily Gratitude

Date: _____/_____/_____

Today, I am grateful for...

1._____

2._____

3._____

4._____

5._____

Daily affirmations. I am...

_____

_____

Daily Gratitude

Date: _____/_____/_____

Today, I am grateful for...

1._____

2._____

3._____

4._____

5._____

Daily affirmations. I am...

_____

_____

Daily Gratitude

Date: _____/_____/_____

Today, I am grateful for...

1._____

2._____

3._____

4._____

5._____

Daily affirmations. I am...

_____

_____

Daily Gratitude

Date: _____ / _____ / _____

Today, I am grateful for...

1._____

2._____

3._____

4._____

5._____

Daily affirmations. I am...

_____

_____

Daily Gratitude

Date: _____/_____/_____

Today, I am grateful for...

1._____

2._____

3._____

4._____

5._____

Daily affirmations. I am...

_____

_____

Daily Gratitude

Date: _____/_____/_____

Today, I am grateful for...

1._____

2._____

3._____

4._____

5._____

Daily affirmations. I am...

_____

_____

Daily Gratitude

Date: _____/_____/_____

Today, I am grateful for...

1._____

2._____

3._____

4._____

5._____

Daily affirmations. I am...

_____

_____

Daily Gratitude

Date: _____/_____/_____

Today, I am grateful for...

1._____

2._____

3._____

4._____

5._____

Daily affirmations. I am...

_____

_____

Daily Gratitude

Date: _____/_____/_____

Today, I am grateful for...

1._____

2._____

3._____

4._____

5._____

Daily affirmations. I am...

_____

_____

Daily Gratitude

Date: _____/_____/_____

Today, I am grateful for...

1._____

2._____

3._____

4._____

5._____

Daily affirmations. I am...

_____

_____

Daily Gratitude

Date: _____/ _____/ _____

Today, I am grateful for...

1._____

2._____

3._____

4._____

5._____

Daily affirmations. I am...

_____

_____

Daily Gratitude

Date: _____/_____/_____

Today, I am grateful for...

1._____

2._____

3._____

4._____

5._____

Daily affirmations. I am...

_____

_____

Daily Gratitude

Date: _____/ _____/ _____

Today, I am grateful for...

1._____

2._____

3._____

4._____

5._____

Daily affirmations. I am...

_____

_____

Daily Gratitude

Date: _____/_____/_____

Today, I am grateful for...

1._____

2._____

3._____

4._____

5._____

Daily affirmations. I am...

_____

_____

Daily Gratitude

Date: _____/_____/_____

Today, I am grateful for...

1._____

2._____

3._____

4._____

5._____

Daily affirmations. I am...

_____

_____

Daily Gratitude

Date: _____/_____/_____

Today, I am grateful for...

1._____

2._____

3._____

4._____

5._____

Daily affirmations. I am...

_____

_____

Daily Gratitude

Date: _____/_____/_____

Today, I am grateful for...

1._____

2._____

3._____

4._____

5._____

Daily affirmations. I am...

_____

_____

Daily Gratitude

Date: _____/_____/_____

Today, I am grateful for...

1._____

2._____

3._____

4._____

5._____

Daily affirmations. I am...

_____

_____

Daily Gratitude

Date: _____/_____/_____

Today, I am grateful for...

1._____

2._____

3._____

4._____

5._____

Daily affirmations. I am...

_____

_____

Daily Gratitude

Date: _____/_____/_____

Today, I am grateful for...

1._____

2._____

3._____

4._____

5._____

Daily affirmations. I am...

_____

_____

Daily Gratitude

Date: _____/ _____/ _____

Today, I am grateful for...

1._____

2._____

3._____

4._____

5._____

Daily affirmations. I am...

_____

_____

Daily Gratitude

Date: _____/_____/_____

Today, I am grateful for...

1._____

2._____

3._____

4._____

5._____

Daily affirmations. I am...

_____

_____

Daily Gratitude

Date: _____/_____/_____

Today, I am grateful for...

1._____

2._____

3._____

4._____

5._____

Daily affirmations. I am...

_____

_____

Daily Gratitude

Date: _____/_____/_____

Today, I am grateful for...

1._____

2._____

3._____

4._____

5._____

Daily affirmations. I am...

_____

_____

Daily Gratitude

Date: _____/_____/_____

Today, I am grateful for...

1._____

2._____

3._____

4._____

5._____

Daily affirmations. I am...

_____

_____

Daily Gratitude

Date: _____/_____/_____

Today, I am grateful for...

1._____

2._____

3._____

4._____

5._____

Daily affirmations. I am...

_____

_____

Daily Gratitude

Date: _____/_____/_____

Today, I am grateful for...

1._____

2._____

3._____

4._____

5._____

Daily affirmations. I am...

_____

_____

Daily Gratitude

Date: _____ / _____ / _____

Today, I am grateful for...

1._____

2._____

3._____

4._____

5._____

Daily affirmations. I am...

_____

_____

Daily Gratitude

Date: _____/_____/_____

Today, I am grateful for...

1._____

2._____

3._____

4._____

5._____

Daily affirmations. I am...

_____

_____

Daily Gratitude

Date: _____/_____/_____

Today, I am grateful for...

1._____

2._____

3._____

4._____

5._____

Daily affirmations. I am...

_____

_____

Daily Gratitude

Date: _____/_____/_____

Today, I am grateful for...

1._____

2._____

3._____

4._____

5._____

Daily affirmations. I am...

_____

_____

Daily Gratitude

Date: _____/_____/_____

Today, I am grateful for...

1._____

2._____

3._____

4._____

5._____

Daily affirmations. I am...

_____

_____

Daily Gratitude

Date: _____/_____/_____

Today, I am grateful for...

1._____

2._____

3._____

4._____

5._____

Daily affirmations. I am...

_____

_____

Daily Gratitude

Date: _____/_____/_____

Today, I am grateful for...

1._____

2._____

3._____

4._____

5._____

Daily affirmations. I am...

_____

_____

Daily Gratitude

Date: _____/_____/_____

Today, I am grateful for...

1._____

2._____

3._____

4._____

5._____

Daily affirmations. I am...

_____

_____

Daily Gratitude

Date: _____/_____/_____

Today, I am grateful for...

1._____

2._____

3._____

4._____

5._____

Daily affirmations. I am...

_____

_____

Daily Gratitude

Date: _____/_____/_____

Today, I am grateful for...

1._____

2._____

3._____

4._____

5._____

Daily affirmations. I am...

_____

_____

Daily Gratitude

Date: _____/_____/_____

Today, I am grateful for...

1._____

2._____

3._____

4._____

5._____

Daily affirmations. I am...

_____

_____

Daily Gratitude

Date: _____/_____/_____

Today, I am grateful for...

1._____

2._____

3._____

4._____

5._____

Daily affirmations. I am...

_____

_____

.

91919818R00060

Made in the USA
San Bernardino, CA
26 October 2018